AF212374

A veces la poesía es un desguace
a la orilla de una carretera secundaria

A veces la poesía es un desguace a la orilla de una carretera secundaria

Pedro Flores

UNIVERSITAT DE VALÈNCIA

Un jurado compuesto por Xelo Candel Vila, como presidenta, Jorge Pérez Cebrián, Juan María Calles Moreno y María García Zambrano, actuando como secretaria Ana M.ª Chillarón Huélamo, concedió a la presente obra el galardón correspondiente al XXI Premio César Simón de poesía, organizado y patrocinado por la Universitat de València, con la colaboración del Ayuntamiento de Villar del Arzobispo y PUV.

© Pedro Flores, 2025
© De esta edición: Universitat de València, 2025

Publicacions de la Universitat de València
http://puv.uv.es
publicacions@uv.es

Coordinación editorial: Xelo Candel Vila

Diseño de la cubierta: Publicacions de la Universitat de València
Maquetación: Letras y Píxeles, S. L.

ISBN: 978-84-9133-760-7
Depósito legal: V-536-2025

Impresión: 315 Gramos

mas la estación y la hora aborrecida,
con el recuerdo del placer y el duelo

Francesco Petrarca

Hora de ocaso y de discreto beso;
hora crepuscular y de retiro

Rubén Darío

y continuar, (¡oh, vivir!, ¡vivir siempre!), y dejar los
cadáveres atrás.

Mark Strand

Pedro Flores

DESGUACE

AUTOSTOP

La poesía cruza la tierra sola
Eugenio Montejo

La poesía cruza la tierra sola,
los poetas andamos mugrientos por las cunetas
con el pulgar hacia arriba, como pidiendo
clemencia a un invisible rey incandescente.

La poesía se apiada y se detiene,
pero solo llega hasta el próximo desvío,
hasta el próximo poeta sediento en el camino.

CEMENTERIO DE AUTOMÓVILES

A la orilla
el cementerio de automóviles.

José Emilio Pacheco

Otros condujeron los veloces coches
en cuyos asientos pasaste tú tantas noches de sábado.
Ahí están, amor mío, las carcasas de tus monturas.
Gime el metal de la forma en que imagino que tú gemías;
yo espiaba tu regreso yendo y viniendo a la ventana
con cuidado de no despertar a mi hermano.
Te solías despedir con ese gesto de tu cuello
que aún me embarga y él hacía sonar el motor
como el relincho del caballo del Llanero Solitario;
todavía hoy no puedo dormir hasta
que suena en la noche el relincho de una bestia,
hasta que llegas a casa. Miro ahora
todos esos caballos, oxidados y muertos,
sobre los que galopaste mirando el mar,
mientras voy y vengo a la ventana, con cuidado
de no despertar a una mujer que duerme.

Matadero (I)

Entre todos los mugidos de miedo y de pena
que se escuchan a las orillas del desguace,
me estremece el chirrido de las tripas
de nuestro viejo Peugeot 504, ¿lo recuerdas?
Manchamos de sangre los asientos.

BEATRICE CHESTERTON ESPERA A SU POETA

La alegría de siempre en tus ojos inmortales.

G. K. Chesterton

En casa de los Chesterton no se puede hablar de Beatrice.
¿Cuando una se llama Beatrice ha de esperar en el Purgatorio
a que un poeta venga a buscarla? En casa de los Chesterton
no se puede hablar de ti. Tus retratos han de estar cara a la
[pared,
esperando que un poeta te encuentre y deje que tus *ojos inmortales*
miren como, tras los cristales, Gilbert crece pisando
el cielo plomizo de Londres en los charcos. ¿Es ese tu poeta?
¿Recordará Gilbert que ha de hacer un poema para ti?
¿Cómo te reconocerá en ese otro mundo si papá
no levanta el castigo a tus retratos, si papá no olvida
que su corazón es un charco donde un niño pisotea un cielo
[de plomo?
Alguien debería dar la vuelta a tus retratos, Beatrice Chesterton,
también las niñas muertas deben salir a pisar los charcos.
Nadie debería pasar la eternidad esperando a un poeta.

DESGUACE

La poesía es un estepario desguace, un muladar.
Allí vamos a por piezas usadas.
El órgano más importante del poeta
es el espejo retrovisor.

BREVE RESEÑA DEL CONOCIDO POEMA *DERROTA*, DE RAFAEL CADENAS

> Sólo quedaban los objetos, los firmes objetos.
>
> Rafael Cadenas

Entonces, como si le hicieran presión en la boca del estómago, todos esos versos, esa confesión que deviene en hipnosis.

Como hacerle a Henry Heimlich la maniobra de Heimlich, perdonen el juego fácil: todos esos eslabones sobre el suelo.

JULIA DE BURGOS EN UN DESGUACE DE HARLEM

> ¡Dadme mi número, porque si no,
> me moriré después de muerta!
>
> Julia de Burgos

Tu número no es el cinco, ese es el número
de la avenida de Nueva York donde te encontraron;
con la 105, pero tampoco es ese tu número.
Tu número no es el seis, ese es el día de julio,
julio del burgo infernal de Manhattan,
en que te desplomaste entre la Quinta y la 105.
El número que buscas no es el 1953, ese es el año
que pondrá en tu lápida, sobre la que tu papá,
muerto y borracho, como tú, cantará en las tórridas
noches insulares tras bañarse en el río.
El número que buscas ya lo sabes,
tú misma lo pedías en aquel poema,
el que tiene tantas interrogaciones como tu vida:
tu número es el 149935, está en esa etiqueta,
la que cuelga de tu pie derecho,
en el sótano del hospital Harlem de Nueva York,
tu número, para que no te mueras en la muerte.

HERMANA

Cuando te moriste yo era un niño y no sabía hacer poemas,
pero ya sé que esa no es una buena excusa.
Ahora soy viejo y he olvidado hacer poemas,
pero ya sé que esa no es una buena excusa.
Entre estos cuatro versos debería haber algo para ti,
pero sólo está mi vida. Mi vida es eso
que sucede entre tu muerte y un poema que no existe.

GERRIT ACHTERBERG EN EL PSIQUIÁTRICO DE UTRECHT

La vaca
es un curioso animal
piense lo que piense
su última palabra
es siempre
mú

K. Schippers

El señor van Baak es un curioso animal;
aunque Gerrit amenace con un revólver
si no consiente en su noviazgo con Cathy
su última palabra es siempre jamás. El señor van Baak
es un buey. Ella, Cathy, es una potra;
piense lo que piense su última palabra es siempre horizonte.
Jesús es un curioso animal, piense lo que piense
siempre escribe su última palabra en la arena.
Gerrit es un curioso animal, piense lo que piense
su última palabra es siempre Jesús. La viuda van Es
es un curioso animal; piense lo que piense
su última palabra es siempre un sollozo.
La viuda van Es es una yegua que le alquila una habitación
en la calle Boom, por lo que todo esto acabará en una
[detonación;
Gerrit es un cerdo y piense lo que piense su última
palabra tras los sollozos de su yegua es siempre Bep,
Bep es la potra hija de la yegua y piense lo que piense
su última palabra es siempre no.

La última palabra de Gerrit siempre es revólver.
La última palabra de la viuda es puerco.
La última palabra de la potra es madre.
La última palabra del juez es loco.
Y, siempre, la última palabra del poeta es yo.

El desguace de Grodek

a los moribundos combatientes, el salvaje lamento
de sus bocas partidas.

Georg Trakl

Noventa heridos al cuidado del enfermero Trakl;
así cómo no va a enloquecer el poeta Trakl.
Grodek, Trakl, con tantas kas y tantas erres
esto no podía empezar sino con una guerra,
esto no podía acabar de otra manera
mas que con Georg Trakl, veterano de Grodek,
escribiendo un poema que se titula Grodek,
porque no es solo el asesino: también el muerto
regresa siempre al lugar del crimen.

ALREDEDOR DEL ÚLTIMO Y MAGNÍFICO VERSO DEL POEMA *CUENTO DE NAVIDAD*, DE JUAN LUIS PANERO Y LO QUE ESTE PUEDE TENER QUE VER CON MI PROPIA INFANCIA

> el rumor de un río hecho de espejos rotos.
>
> Juan Luis Panero

Quizás lo mejor que le puede suceder a un poeta
es ser un poeta envidiable, o al menos
haber escrito alguna vez un poema envidiable;
bastaría con ser autor de un verso envidiable.
Pero es que además, y supongo que esto
debe de ser terrible, yo voy un poco más allá:
envidio el mismísimo objeto poético, envidio
el portal de belén de los Panero,ríanse ustedes,
¡envidio una Navidad en casa de los Panero!
Y es que nosotros éramos los que nos bañábamos
en un río hecho de espejos rotos.

CEMENTERIO DE CEDAR HILL

Él sabía que el suyo era un espíritu sin vestíbulo.

Wallace Stevens

Hay un cementerio de Cedar Hill en Fredericksburg, Virginia,
y un cementerio de Cedar Hill en South End, Minnesota,
y otro en el condado de Orange, no es raro;
cedar significa cedro y *hill* colina, y al fin y al cabo
estamos hablando de cementerios y solo los cipreses
pueden arrebatar un cementerio en la colina a los cedros.
En todos esos cementerios debe haber un montón de
                                                [abogados muertos
y, seguro, también unos cuantos poetas.
En el cementerio de Cedar Hill, en Hartford, Pennsylvania,
están enterrados, a buen seguro, un montón de abogados
y entre todos esos abogados hay, al menos, un poeta;
al fin y al cabo estamos hablando de Wallace Stevens,
y solo un poeta puede arrebatarle a un abogado
un poema, un cementerio, una colina.

SOBRE LA SUERTE DE ALGUNOS PASAJEROS
DEL VUELO 117 DE AIR FRANCE, QUE PROCEDENTE
DE PARÍS-ORLY SE ESTRELLA EN LA COLINA DE
DOS D'ANE, GUADALUPE, EL 22 DE JUNIO DE 1962

> El regreso para morir es grande.
>
> Jorge Gaitán Durán

Hay una mosca revoloteando en el avión
y solo dos pasajeros piensan en la metapoesía.
El resto del pasaje piensa en la tormenta de afuera,
advierte cada vaivén y cada crujido con un mohín de espanto.
Pero ellos dos no, ellos están pensando en la posibilidad de un
[poema,
tratan de conjurar su propio espanto con la posibilidad de un
[poema,
o, mejor dicho, con la posibilidad de un metapoema.
En el asiento catorce b el poeta colombiano Jorge Gaitán
juega con las palabras aire, avión, movimiento, mosca,
mientras en el asiento treinta a el poeta de Guadalupe Paul
[Níger
juega con las palabras mosca, movimiento, avión, aire:
dos poetas en la tormenta tramando su último poema.
Ninguno de los dos sabe que en el mismo avión,
bajo la misma tormenta y hacia la misma muerte
hay otro poeta mirando una mosca metapoética.
El aparato se estrella en la colina, explota,
y con él ciento trece personas, una mosca y un poema,
o, mejor dicho, un metapoema.

LOS EQUIPOS DE RESCATE ACUDEN A LA COLINA DE DOS D'ANE DONDE SE HA ESTRELLADO EL VUELO 117 DE AIR FRANCE PROCEDENTE DE PARÍS-ORLY

Poco queda de los dos poetas entre los hierros retorcidos
[del avión.
Es más, nadie sabe aún que esos son, también, restos
[retorcidos de poetas.
Una mosca revolotea entre la desgracia. La única
[superviviente
es un metapoema.

RAFAEL GUILLÉN Y LA TRASCENDENCIA

<blockquote>
Te me desguazas en el beso, amiga,

Rafael Guillén
</blockquote>

Ha muerto Rafael Guillén. Recuerdo
que hace unos años leímos un poema suyo,
Desguace; un poema terrible, me dijiste,
como todos los buenos poemas. Lo hicimos
de una manera triste esa noche por culpa de Guillén.
Él se ha muerto este cuatro de mayo
y nosotros no recordamos muchas noches felices,
pero sí esa noche que nos arruinó un poema.

IDENTIFICACIÓN DE CADÁVERES DEL VUELO 117 DE AIR FRANCE PROCEDENTE DE PARÍS-ORLY

Aún no se sabe que entre los pasajeros estaban los poetas
Jorge Gaitán Durán y Albert Béville, alias Paul Níger.
Ninguno de los dos sabía que en el mismo avión iba otro poeta.
Los poetas no comparten los accidentes de avión.
Dos poetas en una catástrofe aérea es lo mismo
que ningún poeta en una catástrofe aérea.

Para llegar a la Casando Bay
(Permiso para un grave sobresalto)

De ese cristal que se baña en aguas de su orfandad
José Lezama Lima, *Para llegar a la Montego Bay*

Los poetas gordos y asmáticos somos dados a la fijeza.
Antes de ahora solo salí una vez de esta isla y fue para llegar
al cementerio Cristóbal Colón, La Habana, 1986.
En la costa este de Mauritania pudre el salitre del Atlántico
el armazón de un poeta de un metro noventa de eslora,
en la Casando Bay. Pero si Lezama yace
en un cementerio de barcos de la costa mauritana,
¿quién es el que descansa en esta tumba del Cristóbal Colón?
¿A quién visitan los jóvenes habaneros, tomados de la mano
y leyendo en páginas muy usadas el capítulo ocho de *Paradiso*?
Se sabe que Lezama no cabía en La Habana, no cabía en la
[isla,
hubo de ser anclado en la arena de África, en la Casando
[Bay.
Quien reposa en el monumental cementerio Cristóbal Colón
es Anfión, es Saturno, es el coronel José Lezama y Rodda,
muerto de la gripe en un campamento militar, en Pensacola.
El *Niño Diablo* cierra el portalón cada noche al irse las visitas.
Lezama Lima está varado en un cementerio de barcos
de la desértica costa mauritana, en la Casando Bay.

EN UN DESGUACE DE LA ISLA DE GUADALUPE QUEDAN LOS RESTOS DEL VUELO 117 DE AIR FRANCE PROCEDENTE DE PARÍS-ORLY

Las moscas vuelan entre los corredores de metal quemado, honran con sus zumbidos a la más metapoética de las moscas. Aquí se recuerda que ese fue el accidente donde murió Justin Catayée, político y héroe de guerra.

CEMENTERIO DE POEMAS

Allí acudimos algunos en las mañanas de sábado,
a buscar la biela, el espejito, la manivela
que es la única que hace subir y bajar la ventanilla,
por la que entra el aire a ese poema viejo
en el que hemos venido.

NIÑO ASMÁTICO CON CARTERA VIEJA

De camino al colegio tenía que pasar por el cementerio
y luego por el desguace. De regreso a casa pasaba
frente al desguace y luego por el cementerio.
Sudando como la gente.
Pitando como las máquinas.

EL POEMA ES UN PARÁSITO ACECHANTE
QUE SE ABRE CAMINO

Ya luchan la paloma y el leopardo
Federico García Lorca

Yo digo que el poema es anterior al poeta. El poeta
cree haber encontrado un poema, pero es él el encontrado.
El más luminoso de los poemas es una culebra albina
mascullando en la sombra su plan demencial,
esperando, como una garrapata a su perro, a su poeta.
Tomemos una tarde al azar, paremos el sol aquí mismo:
el poema sabía de la amistad entre el poeta y el torero.
El toro se llamaba Granaíno y una cadena de casualidades
lo llevó ese día a la plaza de Manzanares. Sánchez Mejías
no tenía que haber toreado aquella tarde. El poema
se ocupó también de que la enfermería no funcionara,
de que no hubiera médico, si hace falta
el poema se pone del lado de la muerte, sabe,
por ciego que sea, cómo urdir su tarde, su reloj.
Y no atisbamos hasta dónde alcanza su imaginación
[urticante,
su cadena del frío; lo cierto es que aquí siguen
aquella tarde, aquel sol y aquel reloj, el toro
y su torero muerto, y el poeta al que encontró.

LICENCIA PARA CONTAR UNA HISTORIA
DEL CEMENTERIO DE ELEFANTES

> Voy por la selva perdido del mundo de los hombres
> Gastón Baquero

De entre todas las cosas de la selva, la que más interesaba
a los cazadores blancos era el marfil de los elefantes.
Para llegar a su cementerio había que conseguir
que Tarzán comprendiera, que Tarzán traicionara.
A los elefantes la memoria les alcanzaba
para recordar el camino a su moridero secreto
en el corazón de la jungla, a su desguace umbrío.
Y aunque no salía en las películas, Tarzán
comprendió, Tarzán traicionó y los grandes colmillos
hicieron ricos a los avaros cazadores blancos.
Tarzán murió en un sanatorio mejicano sin dejar
nunca de ensayar por los pasillos su legendario grito.
En aquella escombrera de la selva Tarzán se olvidó para
                                                    [siempre
de Peter Johann, de Timisoara, Rumania, y hasta de Johnny,
de Hollywood, Estados Unidos. Mientras otros
cargaban toneladas de marfil él comprendió,
él traicionó, a cambio del paquidermo secreto
de saber morir a tiempo.

CHATARRA ESPACIAL

> En este valle de estrellas que mueren
>
> T. S. Eliot

Cuando no quede ni uno solo, sosteniéndolas arriba,
comenzarán a llover del cielo, porque fueron ellos
los que las pusieron ahí. Y es que no ha habido
un solo poeta que no hablara de las estrellas.

POET'S CORNER (ABADÍA DE WESTMINSTER), DURANTE LA GRAN GUERRA

> centellea tu lápida a la aurora
>
> Robert Browning

> como dos ciegos que por fin se ven.
>
> Alfred Tennyson

Todo estaba razonablemente tranquilo
pese a ser un pudridero de poetas.
Pero en el dieciséis llegaron en tropel,
y eran todos tan jóvenes... Alguien,
comentó Tennyson a Browning,
ha encendido la máquina de picar carne,
se sabe porque en la guerra los poetas
confunden la épica con la lírica.

DIBUJOS ANIMADOS

Soy como aquel que vive en el desierto,
del mundo y de sus cosas olvidado,
y a descuido veis donde le ha llegado
un gran amigo, al cual tuvo por muerto.

Juan Boscán

Casi siempre acaba aplastado por una piedra enorme,
por una cornisa de roca que se desprende. El correcaminos
es demasiado veloz, demasiado listo, demasiado bello
y el coyote ha de hacernos reír a cada muerte.

Muchas veces he muerto en unos versos para nada;
el poema es demasiado veloz, demasiado listo,
demasiado bello y yo suelo acabar debajo de una piedra
o volatilizado en el cielo amarillo del desierto.
Pero vuelvo siempre a acecharlo en los desfiladeros,
a idear delirantes, grotescos planes para atraparlo,
para que ustedes celebren, con sus risas luminosas,
cada explosión, cada muerte, cada fracaso.

ANIMAL DE LABORATORIO

> No tiene ninguna gracia
> pasar el día entre probetas.
>
> Santiago Sylvester

Esto es un enorme laboratorio; el mono
es el sujeto de experimentación de los sujetos de
                                    [experimentación,
alguien quiere saber qué haríamos con el instrumental
                                    [adecuado
y un mono. Para eso inventaron la viruela, el alzhéimer,
para ver hasta dónde llegamos abriendo monos.
El mono es el cebo.
El mundo es el laboratorio.
Nosotros somos el animal.
La compasión es el experimento.

EL JUEGO

> Crear esas palabras
> únicamente para que el juego continúe
>
> Roberto Juarroz

Yo cuento hasta cien y la poesía se esconde.
Luego es ella la que cuenta y yo busco refugio.
Así pasamos las tardes, entre números
y con los ojos cerrados,
tratando de vernos lo menos posible.

UN HÍGADO PARA GEORGE BEST

> No mueran como yo.
>
> George Best

El pequeño Tommy no le daría una patada ni a una
                                        [lavadora.
El pequeño Tommy es el último en ser elegido a la hora del
                                        [recreo.
El pequeño Tommy siempre juega de portero.

El pequeño Tommy se ha matado en una curva.

Pero ¿será esto la justicia poética?,
el hígado del pequeño Tommy
pertenece ahora a George Best.
Algo del pequeño Tommy recuerda aquellas irrepetibles
                                        [tardes,
camina por el mundo sobre dos piernas gloriosas.

DESPUÉS DE UNA VIDA DE MULTITUDINARIOS ÉXITOS EL MAGO CHANG EJECUTA SU ÚLTIMO TRUCO PARA LOS TURISTAS DE UN CRUCERO QUE ATRAVIESA EL CANAL DE PANAMÁ, CIRCA 1971

> Magia adormecedora vierte el río
> en la calma monótona del viaje
> José Asunción Silva

Este es, señoras y señores, el último truco del mago Chang,
el hijo de la costurera, el huérfano de chino,
el mismo que llenó los teatros de medio mundo, el mismo
que hacía volar enormes pájaros dorados mientras levitaba,
en el teatro Avenida de Buenos Aires, en el 44.
El mismo que decapitó en el 40, ante su familia, a un alucinado
comerciante quiteño para devolverlo a la vida al minuto
[siguiente.
El que estuvo un año entero asombrando al mundo
desde aquella velada del Roxy, en el 35.
Chang el inigualable, el de los deslumbrantes kimonos de seda
[auténtica,
el que volatilizó toda su fortuna de golpe en el 28
y la hizo aparecer de nuevo dos años más tarde
sin que una mueca de disgusto le aflorara en el rostro.
El que quedó deslumbrado por el poder de la magia
en un teatro de esta misma ciudad degollada por el canal,
este que cavaron hombres torvos y enjutos que ya se han muerto
y que pueden observar ahora si miran ustedes afuera,
señoras y señores, este 15 de agosto del 14.

MATADERO (II)

Vi la serenidad en los ojos de las reses destinadas a los cuchillos

Antonio Gamoneda

El verbo exacto para definir lo que hacemos aquí
es *destazar*. Destazar es una hermosa y precisa palabra,
la que define lo que hacemos aquí, en la poesía.

EDGAR LEE MASTERS, CANSADO DE LA VIDA, SE RECLUYE EN EL HOTEL CHELSEA

> Pero mi alma estaba a tres mil millas de distancia
>
> Edgar Lee Masters

Muertos que hablan, de eso se trata a menudo en la poesía.
Edgar Lee no puede dormir porque los amantes
de la habitación contigua hacen demasiado ruido.

Quizás eso sea también la eternidad y él alcanzó a saberlo:
muertos desvelados por el chirriar de la vida.

LA SUPERCARRETERA DE LA PLAYA DE MONTAZAH

> Algo bronceados sus miembros
> en la desnudez matinal del baño y de la playa.
>
> Constantino Cavafis

Este es un poema de diez carriles. He tenido
que destruir una playa para construirlo.
Ah, Constantino, viejo indecente, ¿recuerdas
la playa en 1908? ¿Recuerdas a aquel muchacho del poema?
Pues tu poema es lo único que queda de ese lugar
y ahora, de la misma manera que toneladas de asfalto
atraviesan la playa, yo atravieso con mi superpoema
tu viejo poema de 1908 y sepulto bajo las diez pistas
tu tímida mirada de funcionario
y los cabellos sin peinar de tu pobre muchacho.
Estos son días de 2023; ¿creías que la playa duraría tanto,
que ese deseo luminoso y fugaz persistiría,
que un poema es eterno? Cualquiera que lo lea ahora,
tu poema, *Días de 1908*, tendrá que atravesar mi poema
y los lectores preguntarán qué ha sido
del amor a distancia de Cavafis, de su sucio muchacho.
Yacen aquí debajo, en la playa de Montazah, en el fondo
del Puente Sadat, cubiertos por un mal poema
que te lleva muy deprisa y hacia ninguna parte.
Bajo el alquitrán señalizado y candente del tiempo.

EL POETA DE LA CURVA

Encuéntrame en la noche. Estoy perdido.

Manuel Altolaguirre

Si conduces por la Nacional I, a la altura de Cubo de Bureba,
y recoges a un pálido autoestopista que te recita fragmentos
de *El Cantar de los Cantares*, es que te has topado
con el fantasma de Manuel Altolaguirre; se bajará
en el punto exacto del accidente.

Ahí lo estará esperando este poema,
que lo llevará al jueves 23 de julio de 1959,
donde yace María Luisa.

TAXI WRITER

No hay duelo en los semáforos que guardan el camino
ni un abeto en tu puerta todavía.

Antonio Cisneros

TAXI DREAMER

Quiero hacer un poema con este hombre que es mi padre
Manuel Díaz Martínez

Mi padre me manda a la cama sin leer;
yo me adentro temblando en el sueño. Luego
es él quien desobedece y yo lo envío a las sombras
sin decirle su poema. Mi padre no puede dormir
si yo no leo en voz alta un poema donde él duerme.
A veces él se queda dormido antes de que el poema finalice
y es entonces mi padre del poema el insomne.
A papá también le gusta dormirse imaginando
que conduce su taxi por una ciudad oscura y vacía,
en esas ocasiones me pide que le mande a parar
y le vaya diciendo un poema desde el sillón de atrás,
un poema donde un viejo sueña que conduce
por una ciudad vacía y oscura. Él se queda dormido
al volante, pero no importa, porque incluso en sueños
conoce la ciudad y yo me duermo al poema y me muero,
porque hay mucho tráfico en la poesía a esa hora.
Y me adentro leyendo en la muerte, mientras mi padre duerme.

VEHÍCULOS PRESTADOS

Mi padre me enseñó a conducir
en un viejo Nissan *Bluebird* que no era suyo.
Por cansado que llegase siempre
salíamos por la noche a que yo aprendiera.

En el hospital yo le leo poemas, por cansado
que yo llegue siempre salimos de noche a la poesía.

Tampoco son míos los poemas que nos llevan.

A LA PUERTA DEL COLEGIO

El camino está lleno de ciudades
cuyo nombre he perdido. Como el tuyo.

J. M. Fonollosa

Me gustaba que papá viniera a buscarme en el taxi:
fingíamos que no nos conocíamos,
que yo era un señor muy importante y me llevaba
al mejor hotel de la ciudad.
Ahora es verdad que él no me conoce,
se cree de veras que soy un señor muy importante.
Y me pregunta si quiero que me lleve a alguna parte.

LA LAGUNA

Mi padre me pide unas monedas. Las va guardando.
Hay que ser generoso
con los compañeros de profesión.

Las gasolineras del Yom Kippur

cuando las gasolineras sean ruinas románticas.

Ernesto Cardenal

En el 73 tú conducías un Dodge Dart
que consumía demasiado. *Dart* significa dardo
y se me ocurren un montón de versos fáciles,
juegos que no hacen ningún favor a la poesía.
En el 73 tú veías en la televisión las imágenes
de aquella guerra lejana y también con la palabra *penitencia*
y el viejo Dodge Dart se me ocurren
un montón de versos estúpidos: Ningún coche
debería morirse de sed por una guerra lejana.
Ningún niño debería ver a su padre pelear por gasolina.

CELEBRIDADES LOCALES

> Tú piensas que soy yo,
> pero sólo soy yo.
>
> Dan Pagis

Algunos días venías sonriendo: «adivina
quién se ha subido hoy en el taxi». Y a mí
me daba vergüenza que dijeras a todo el mundo
adivina quién se ha subido hoy en el taxi.
Era alguien que salió en la prensa, o en la tele,
celebridades locales que te hacían sonreír tontamente
a la hora de la cena y yo me avergonzaba de ti.
Ahora te leo poemas que finges escuchar, poemas
que hablan de poetas lejanos y queridos y te digo
adivina sobre quién he escrito hoy un poema,
y tú tomas tu cena en la cama, avergonzado de mí.

LOS TAXIS DEL MARNE

En realidad no fueron decisivos, apenas
trasladaron al frente a cinco mil soldados.
Pero las guerras se ganan también con símbolos,
de símbolos también sabe algo la poesía.
¿Hubieras llevado tú, papá, a cinco soldados a la batalla,
en el catorce, en tu Renault CV8 rojo?
Supongo que mejor llevarlos que traerlos de vuelta,
heridos y ausentes como poemas derrotados.
Hay manchas que no se van de la tapicería.

TAXIS DE NUEVA YORK

Con todo lo que tiene cansancio sordomudo
Federico García Lorca

Hubiera sido para ti un sueño
conducir, por unas horas,
uno de esos taxis amarillos.
Yo te hubiera escrito un poema
en el que Lorca te manda a parar,
y lo llevas a la Columbia University
y tú llegas a casa y me dices adivina a quién…

VIAJES

Así es el viaje primordial y sin pasaje.

Vicente Huidobro

Nunca pudimos ir de viaje, pero me subías al taxi
y me decías que mirase a lo alto de los edificios,
y allí estaba una ciudad que yo no conocía.
Tampoco los viajeros conocían tu rostro,
eras una espalda, unas manos al volante.

Madrugada

... porque a su vez la muerte
iba y venía...

Gastón Baquero

Me daba pena cuando salías muy temprano,
«a dar vueltas, porque no hay nadie en la calle».
Ahora estás tú al otro lado de la noche.
Ojalá haya alguien ahí afuera, «dando vueltas».

MUERTE DE ROBERT LOWELL A BORDO DE UN TAXI

Somos pobres hechos pasajeros
Robert Lowell

Las palabras ya no van a cambiar. Triste amigo,
ya no vas a cambiar.
Elizabeth Bishop para Robert Lowell

Hubo un poeta, le cuento a mi padre,
que se murió a bordo de un taxi; se llamaba
Robert Lowell, papá, y no te vas a creer
que presintió su muerte y lo escribió en un poema
titulado *La carrera humana*, carrera, papá,
como llaman ustedes a cada trayecto que hacen.
Lowell era un gran poeta, «Poetas Laureados», los llaman allí.
Parece que de crío tenía fama de violento, pero luego
se hizo antibelicista. Es cierto, papá, quién
entiende a estos poetas. He comenzado este poema
con un verso suyo que me pareció tremendo y luego
unos de Elizabeth Bishop en homenaje a él, eran muy amigos.
Murió en el trayecto del aeropuerto a Manhattan y,
no te lo vas a creer, el taxista, que no se dio cuenta
que llevaba detrás a un poeta tampoco se dio cuenta
de que llevaba a un poeta muerto. A mí no, papá,
el taxista se enteraría de que me había muerto
porque me callaría de repente; yo siempre
hablo con los taxistas, porque me imagino que son tú,
y les cuento historias de poetas que mueren a bordo de un taxi.

BUENOS DESEOS

Tú quieres que yo nunca conduzca un taxi;
hay mejores maneras de ganarse la vida.
Yo no quiero que leas mis poemas;
hay mejores maneras de retratar a un padre.

LA POESÍA LO CONTAMINA TODO

De que por todo ese día nuestro nombre es Cristóbal.

Gastón Baquero

Lo que más temías en la vida
es que dieran a luz en tu coche. Por el tapizado
y porque imagínate que le pongan al niño Cristóbal
y que sea en miércoles, como en el poema de Baquero,
aquel donde un hombre cambia su nombre cada día,
huyendo de la muerte.

VER LLEGAR Y PARTIR LOS AVIONES

Ahora necesito más que nunca
mirar al cielo.

Claudio Rodríguez

En las noches de verano, junto al aeropuerto,
recostados sobre el capó del viejo Peugeot,
tratando de adivinar de dónde eran los aviones
que llegaban o partían, a bordo de los cuales
no íbamos nunca. Ahora yo estoy dentro de uno de ellos
y lo más fácil sería escribir un poema previsible,
uno donde tú vieras partir este avión conmigo dentro,
desde el sitio de siempre, pero en otro tiempo,
solo, o tal vez muerto, y yo sabiéndote
ahí abajo sin mí en la improbable noche.
Y sí, ese sería un poema previsible, pero no importa.

ELOGIO DEL PADRE CON PERRO Y POETA ARGENTINO

> El mundo se llena de ladridos,
> y nadie llega cuando él empieza a ladrar.
>
> Santiago Sylvester

Nunca frenes en seco, tampoco des un volantazo,
si se te cruza un perro sigue adelante, o él o tú.
Y nunca te bajes a ver si el animal sigue vivo.
Eso me decía siempre. Un día llegó a casa
con un golpe en la frente y una sangre
que no era suya en la camisa. Le leí
algunos poemas de *Perro de laboratorio*,
de Santiago Sylvester, y escribí este poema.
Él me lo pidió: para acordarnos del perro,
de que no todo se perdió en la carretera.

ELLA, QUE NO HA VUELTO

A lo mejor un día se sube en tu taxi,
y ve su foto en el salpicadero, y ve la mía
y te pide que la lleves a casa.

CURSI IMPRECACIÓN DE TAXISTA PADRE DE POETA ANTE LA CIUDAD EN OBRAS

Esta ciudad parece un poema de mi hijo,
siempre inacabada.

RUDIMENTOS PARA UNA POÉTICA

Mi padre nunca me enseñó a nadar, ni a montar en bicicleta,
y bueno, tampoco iba a la piscina, ni tenía bicicleta.
Él me enseñó a aparcar y a distinguir la cara de alguien
que piensa bajarse sin pagar.
Aunque parezca que no, cosas útiles
para escribir poemas.

NUNCA LLEVES A TU LADO A UN TAXISTA MIENTRAS CONDUCES

Él verá un cliente donde tú ves un viandante,
la lluvia limpiando en vez de la lluvia cayendo,
alguien que va al aeropuerto y no un reencuentro,
una ciudad muerta en vez de un luminoso domingo.
Igual que cuando lees un poema y eres poeta.

SOBRAS

Con lo que papá no quería en su taxi:
niños, perros, amantes impúdicos, borrachos,
hice yo mis poemas.

Poética del taxímetro

sabiendo que el último poema
se parecerá al primero

Roberto Juarroz

Ahora entiendo aquel hastío, aquel silencio.
Una vida sabiendo que el último cliente
se parecerá al primero.

INTERTEXTUALIDAD

> Mi padre siempre me lo decía:
> Con los bolsillos vacíos pierdes el equilibrio
>
> Antònia Vicens

Entonces era eso… Y yo que pensaba
que mi padre era borracho.

Poeta frente al espejo

¿Me hablas a mí?

Travis Bickle

Quién no ha encañonado a su imagen en el espejo;
yo lo hago cada mañana.
Mi imagen nunca me habla a mí,
pero a diferencia de Travis mi arma está cargada
y yo siempre aprieto el gatillo.

SOLO EN CASA

Por lo pronto, nunca abro la puerta a nadie

Eduardo Lizalde

Escucho tu llave no acertar en la cerradura
y abro con cuidado por si estás apoyado en la puerta.
Sé que vienes tambaleándote con las llaves en la mano,
haciéndolas sonar para que aparezca la casa.
Mi madre se cansó de esperarte en la ventana:
cuando estés solo no le abras la puerta a nadie.
Llamó Edgar Allan Poe y no abrí.
Llamó Paul Verlaine y no abrí.
Llamó César Vallejo y no abrí.
Al día siguiente nos reímos leyendo las notitas
que nos deslizaron por debajo de la puerta y apostamos:
si son poetas, son amigos míos,
si son borrachos, son amigos tuyos.

PARAR UN TAXI

> el rastro de mis pasos
> en los años diezmados.
>
> Octavio Paz

Busco entre el tráfico una lucecita verde,
pero dejo pasar a todos los taxis; en ninguno
lo dice como lo decía en el tuyo.
En tu coche «libre» era un verso.

TU CITRÖEN DS

no hay coches
ni de dos asientos ni de seis asientos,
ni Citröen ni Rolls-Royce

T. S. Eliot

También le decían Sapo, pero tú preferías Tiburón,
al Citröen DS, mejor Tiburón, para engullir la ciudad,
un sapo no engulle nada, es engullido, pero un tiburón...
«Mira, si hasta sale en un poema de ese Eliot».
No era tuyo, querías conducir un tiburón y no paraste
hasta encontrar un patrón que tuviese uno.
No sabías que cuando lo conducías la ciudad
seguía siendo un océano hostil y ajeno.
Y era a ti a quien había engullido el Tiburón.

ÍNDICE